Le Curé d'Ars

Une pensée par jour

COLLECTION

Padre Pio, une pensée par jour (13e édition).
Jean XXIII, une pensée par jour (5e édition).
Mère Teresa, une pensée par jour.
Frédéric Ozanam, une pensée par jour.
Élisabeth de la Trinité, une pensée par jour.

À paraître :
Jean Paul II, une pensée par jour.
Saint Benoît, une pensée par jour.
Saint François de Sales, une pensée par jour.

Le Curé d'Ars

Une pensée par jour

Textes recueillis
par
Claudine Fearon

MÉDIASPAUL

Médiaspaul Éditions, 48 rue du Four, 75006 PARIS
courriel : editions@mediaspaul.fr

ISBN 2-7122-0970-2

ISBN 978-2-7122-0970-4

Pour le Canada :

Médiaspaul
3965 boulevard Henri-Bourassa Est
MONTRÉAL, QC, H1H 1L1

Imprimé en France

« Je te montrerai le chemin du ciel...»

Au Père André Bagnol,*
qui aimait le Curé d'Ars.

* Curé d'Arpajon, Essonne (1979 - 1988).

PRÉSENTATION

Tout commence dans l'humilité, lorsqu'en ce mois de février 1818, un jeune prêtre cherche dans le brouillard le chemin d'Ars, village de la Dombes dont il vient d'être nommé curé... Jean-Marie Vianney est né le 8 mai 1786 à Dardilly (Rhône) dans une modeste famille paysanne qui l'élève dans la ferveur. Très jeune, il est saisi par l'appel de Dieu. Pourtant sa formation à la prêtrise ne se fera qu'au prix de multiples difficultés, dans le climat de la Révolution et malgré la conscription, tandis que « le résultat de ses études était nul, parce qu'il ne comprenait pas assez bien la langue latine »[1] ...

Arrivé à Ars où règne l'indifférence religieuse, il se sent si pauvre devant la mission à accomplir qu'il ne peut que se jeter à cœur perdu dans la miséricorde et l'Eucharistie. Peu à peu, sa bonté, sa prière et ses prêches, l'exemple de sa vie même vont réveiller la foi de ses paroissiens : « Son âme

1. Cité par Mgr TROCHU *in Le Curé d'Ars*, éditions Résiac, 1979, 664 p.

entière passait dans celle de la foule pour la faire croire, aimer et espérer avec lui »[2]. Sans relâche, il invite à la confiance dans la miséricorde divine, mais aussi à la pénitence, et c'est dans la confession, où il sonde les âmes et déploie une clairvoyance hors du commun, que le Curé d'Ars révèle des dons spirituels extraordinaires. Les conversions se multiplient, sa réputation de sainteté attire les foules, de partout. Désormais « prisonnier du confessionnal » jusqu'à dix-sept heures par jour, il meurt épuisé, le 4 août 1859.

En lui s'est manifestée « la puissance de la grâce qui agit dans la pauvreté des moyens humains », a pu dire Jean-Paul II. Canonisé le 31 mai 1925, vénéré dans le monde entier[3] comme « patron des curés », il est aussi l'apôtre de la conversion et du repentir. « La vie même de Jean-Marie Vianney révèle le visage du Père offrant son pardon... À sa suite, nous pouvons recevoir le message de l'Évangile comme un appel à la joie d'un cœur réconcilié[4]. »

2. Abbé MONNIN.

3. 400 000 pèlerins visitent chaque année le sanctuaire d'Ars.

4. JEAN-PAUL II, Ars, 1986, célébration du bicentenaire de la naissance du Curé d'Ars.

JANVIER

1. Je vous souhaite tout ce que le Ciel renferme de bien, c'est-à-dire Dieu lui-même.

2. [La paix], il faudrait d'abord la faire en soi-même.

3. Dans l'amour de Dieu, nous trouverons notre paix, notre perfection, notre mérite, notre gloire, notre bonheur, pour ce monde et pour l'autre.

4. Voici une bonne règle de conduite : ne faire que ce qu'on peut offrir au bon Dieu.

5. Lorsque Notre Seigneur vient habiter une âme, il est content et remplit l'âme de joie et de bonheur, et lui communique cet amour généreux de tout faire et souffrir pour lui plaire.

6. Et l'homme qui est créé pour aimer Dieu, posséder Dieu, renfermer Dieu, que fera-t-il de toutes les forces qui lui sont données pour cela ?

7. Notre Seigneur est là caché qui attend que nous venions le visiter… S'il se fût présenté avec cette gloire devant nous, nous n'aurions pas osé l'approcher.

8. C'est depuis le baptême de Notre Seigneur qu'on a connu particulièrement les trois Personnes de la Sainte Trinité.

9. Le bon Dieu nous a mis sur la terre pour voir comment nous nous y conduirons et si nous l'aimerons.

10. Celui qui aime bien le bon Dieu est comme un arbre planté sur le bord d'un ruisseau limpide, c'est-à-dire qu'il est continuellement rafraîchi par les douceurs de la grâce qui tombe dans son âme comme une rosée céleste.

11. La Grâce de Dieu nous aide à marcher et nous soutient. Elle nous est nécessaire comme les béquilles à ceux qui ont mal aux jambes.

12. Il faut bien savoir et bien se persuader que Dieu n'opère dans nos âmes que selon le degré de nos opérations, de nos désirs, de nos actes intérieurs produits à cette fin. Un vase prend de l'eau à une fontaine selon sa capacité.

13. Rien de plus glorieux et de plus honorable pour un chrétien que de porter le nom sublime d'enfant de Dieu... Montrons-nous dignes de notre Père.

14. Heureuse l'âme qui a pris Jésus-Christ pour son guide, son modèle et son bien-aimé.

15. Quand on est conduit par un Dieu de Force et de Lumière, on ne peut pas se tromper. C'est lui qui nous fait distinguer le vrai du faux et le bien du mal.

16. Vous serez responsables devant Dieu de toutes les bonnes œuvres que votre génération aurait accomplies jusqu'à la fin du monde et qui ne seront pas faites par votre faute.

17. Le bon Dieu aime à être importuné.

18. Je pleure abondamment quand je considère les divisions qui règnent parmi mes frères en Jésus-Christ.

19. Heureux le chrétien qui est instruit et qui entre dans l'esprit de l'Église.

20. [Le chrétien parfait] unit toutes ses actions, toutes ses peines, toutes ses prières et tous les battements de son cœur aux mérites de l'Église entière... C'est à peu près comme celui qui réunit un tas de paille et y met le feu ; la flamme monte bien haut, ça fait un brasier ; qu'on ne mette le feu qu'à une paille, elle s'éteint aussitôt.

21. Soyez unis et cherchez à unir, mais à unir sur le terrain du Saint-Esprit, et non sur le terrain du siècle, sur le terrain du monde.

22. C'est le Saint-Esprit qui met le feu, et les bonnes œuvres partent.

23. Non seulement vous êtes frères, mais ce qu'il y a de plus beau, vous ne faites tous ensemble qu'un même corps avec Jésus-Christ, dont la chair et le sang vous servent chaque jour de nourriture.

24. Journalistes, conservez la réputation de vos adversaires.

25. Le bon Dieu vous presse, il vous poursuit partout…

26. Il y en a qui disent : « J'ai fait trop de mal, le bon Dieu ne peut pas me pardonner. » C'est un gros blasphème. C'est mettre une borne à la miséricorde de Dieu, et elle n'en a point, elle est infinie.

27. Dieu nous aime plus que le meilleur des pères, plus que la mère la plus tendre. Nous n'avons qu'à nous soumettre et à nous abandonner à sa volonté, avec un cœur d'enfant.

28. Mais la Vérité ! Elle est inépuisable ! Elle est intarissable ! Elle est ruisselante de vie ! Elle est plus ardente que ce beau feu.

29. La Vertu passe du cœur des mères dans le cœur des enfants qui font volontiers ce qu'ils voient faire... Que vos enfants se rappellent bien plus ce qu'ils vous ont vu faire que ce que vous leur avez dit.

30. Le seul bonheur que nous ayons sur la terre, c'est d'aimer Dieu et de savoir que Dieu nous aime.

31. Allons, mon âme, tu vas converser avec le bon Dieu, travailler avec lui, marcher avec lui, combattre et souffrir avec lui... Tu travailleras, mais il bénira ton travail ; tu marcheras, mais il bénira tes pas ; tu souffriras, mais il bénira tes larmes.

FÉVRIER

1. Les pauvres pécheurs sont engourdis comme des serpents pendant l'hiver.

2. Ne sommes-nous pas bien plus heureux que Syméon ? Nous pouvons Le garder toujours, si nous voulons... Il ne vient pas seulement dans nos bras, mais dans notre cœur.

3. Les religieux, les religieuses ont tout quitté pour tout avoir. Qu'est-ce qui rend la vie religieuse si méritoire ? C'est ce renoncement de chaque instant à la volonté, cette mort continuelle à tout ce qu'il y a de plus vivant en nous.

4. Au lieu de faire du bruit dans les journaux, faites donc du bruit à la porte du Tabernacle.

5. Il n'y a qu'une manière de se donner à Dieu dans l'exercice du renoncement et du sacrifice : c'est de se donner tout entier sans rien garder pour soi.

6. Voyez l'estime que Notre Seigneur fait de la Parole de Dieu ; à cette femme qui crie : « Bienheureuses sont les mamelles qui vous ont nourri et les entrailles qui vous ont porté ! » Il répond : « Combien plus heureux sont ceux qui écoutent la Parole de Dieu et qui la mettent en pratique ! »

7. Quel que soit le prêtre, c'est toujours l'instrument dont le bon Dieu se sert pour distribuer sa Parole.

8. Le sûr, l'unique moyen de plaire à Dieu, c'est de demeurer soumis à sa volonté dans toutes les circonstances de la vie.

9. Nous verrons un jour que nous aurions pu satisfaire à la justice de Dieu rien qu'avec les petites misères de la vie que nous sommes obligés de souffrir.

10. [La Sainte Vierge] aime tant les pauvres, qui sont les amis de son Fils, qu'elle viendra certainement à mon secours.

11. Partout où la Sainte Vierge est honorée, elle y fait des miracles.

12. Lorsque nos mains ont touché des aromates, elles embaument tout ce qu'elles touchent. Faisons passer nos prières par les mains de la Sainte Vierge, elle les embaumera.

13. Plus nous usons des sacrements de Pénitence et d'Eucharistie, plus le joug du Seigneur est doux et aimable. Purifiée par ces sacrements... notre âme s'élève à Dieu d'elle-même.

14. L'homme a été créé par amour ; c'est pourquoi il est si porté à aimer.

15. Quand Il est seul chargé de nos intérêts, il y va de sa justice et de sa bonté de nous aider et de nous secourir...

16. Il faut déjà être parvenu à un certain degré de perfection pour supporter la maladie avec patience.

17. Si l'un de nous souffre, nous devons compatir à sa douleur et nous empresser de le soulager.

18. L'humilité est aux vertus ce que la chaîne est au chapelet : ôtez la chaîne, et tous les grains s'en vont ; ôtez l'humilité et toutes les vertus disparaissent.

19. La Sainte Vierge ! Cette belle créature dont la pureté a fléchi la justice de Dieu.

20. On dit quelquefois : « Dieu châtie ceux qu'il aime. » Ce n'est pas vrai. Les épreuves, pour ceux que Dieu aime, ne sont pas des châtiments, ce sont des grâces.

21. En mourant, nous faisons une restitution : nous rendons à la terre ce qu'elle nous a donné... Une petite pincée de poussière grosse comme une noix : voilà ce que nous deviendrons, il y a bien de quoi être fier !

22. Une maison qui s'élève sur la croix ne craindra ni le vent, ni la pluie, ni l'orage.

23. Il y a deux manières de souffrir : souffrir en aimant et souffrir sans aimer. Les saints souffraient tout en patience, joie et persévérance, parce qu'ils aimaient. Nous souffrons, nous, avec colère, dépit et lassitude, parce que nous n'aimons pas.

24. Les souffrances, les peines, les infirmités... ennoblissent le chrétien en ce qu'elles le rendent semblable à notre divin Sauveur et à sa très sainte Mère.

25. Notre divin Sauveur ayant été notre modèle en tout, a voulu l'être aussi dans la tentation.

26. Son plus grand plaisir est de nous pardonner. Donnons donc cette joie à ce bon Père : revenons à Lui et nous serons heureux.

27. Pour recevoir le sacrement de pénitence, il faut trois choses : la foi qui nous découvre Dieu présent dans le prêtre, l'espérance qui nous fait croire que Dieu nous donnera la grâce du pardon, la charité qui nous porte à aimer Dieu et qui met au cœur le regret de L'avoir offensé.

28. Si le jardinier négligeait d'arracher les mauvaises herbes de son jardin, bientôt elles prendraient racine, et il éprouverait bien plus de peine à les extirper que s'il l'eût fait lorsqu'elles étaient naissantes.

29. Le bon Dieu veut que nous combattions, que nous travaillions à empêcher l'ivraie de tout envahir.

MARS

1. La contrition, c'est le baume de l'âme... Guérissons vite l'âme d'abord.

2. Nous nous accusons à la vapeur... Il y en a beaucoup qui se confessent et peu qui se convertissent... : c'est qu'il y en a peu qui se confessent avec repentir.

3. Celui-ci fait un grand jeûne et qui est très agréable à Dieu quand il combat son amour-propre, son orgueil, sa répugnance à faire ce qu'il n'aime pas faire, ou en étant avec des personnes qui contrarient son caractère, ses manières d'agir.

4. Le bon Dieu ne demande pas de nous le martyre du corps, il nous demande seu-

lement le martyre du cœur et de la volonté. Laissez-vous casser comme une pierre sur le grand chemin.

5. Si vous n'avez point fait de sacrifice, vous n'aurez rien à moissonner... Un jour venant, nous trouverons que nous n'avons rien fait de trop pour gagner le ciel.

6. L'homme n'est pas seulement une bête de travail, c'est aussi un esprit créé à l'image de Dieu. Il ne vit pas seulement de pain, il vit de prières, il vit de foi, d'adoration et d'amour.

7. La prière est à notre âme ce que la pluie est à la terre. Fumez une terre tant que vous voudrez ; si la pluie manque, tout ce que vous ferez ne servira de rien.

8. Notre langue ne devrait être employée qu'à prier, notre cœur qu'à aimer, nos yeux qu'à pleurer.

9. Souvent nous croyons soulager un pauvre, et il se trouve que c'est Notre Seigneur.

10. Ne perdez jamais de vue que l'aumône efface nos péchés et nous préserve d'en commettre d'autres.

11. Ce n'est pas le pécheur qui revient à Dieu pour lui demander pardon, mais c'est Dieu lui-même qui court après le pécheur et qui le fait revenir à lui.

12. Le bon Dieu aura plus tôt pardonné à un pécheur repentant qu'une mère n'aura retiré son enfant du feu.

13. Le démon ne tente que les âmes qui veulent sortir du péché et celles qui sont en état de grâce. Les autres sont à lui, il n'a pas besoin de les tenter.

14. La tentation est un moyen pour gagner le ciel. En effet, le peu de temps que nous restons sur la terre, si nous n'éprouvions aucune tentation, quel mérite aurions-nous de faire le bien ?

15. Le bon Dieu tend la main et donne sa grâce à ceux qui la lui demandent... Avec la grâce de Dieu qui ne nous est jamais refusée, nous pouvons triompher.

16. Le pauvre sera jugé sur l'usage qu'il aura fait de votre aumône, et vous, vous serez jugés sur l'aumône elle-même que vous auriez pu faire et que vous n'avez pas faite.

17. Quand on va se confesser, il faut comprendre ce qu'on va faire. On peut dire qu'on va déclouer Notre Seigneur.

18. Les ennemis nous rendent un grand service parce qu'ils nous font mériter davantage en les aimant. Quand vous n'aurez reçu du monde que paroles outrageantes ou d'autres traitements, priez pour votre ennemi, et Dieu vous pardonnera.

19. L'homme juste qui vit de la foi est semblable à une jeune treille de muscats chargée de raisins : il répand autour de lui la bonne odeur de ses vertus et l'abondance de ses œuvres.

20. Il demandera si nous avons employé nos forces à rendre service au prochain.

21. [Les] bons désirs sont le souffle de l'Esprit Saint qui a passé sur notre âme et qui a tout renouvelé comme ce vent chaud qui fond la glace et ramène le printemps.

22. C'était au printemps ; les buissons étaient remplis de petits oiseaux qui se tourmentaient la tête à chanter. Je prenais plaisir à les écouter et je me disais : pauvres petits oiseaux, vous ne savez pas ce que vous dites ? Que c'est dommage ! Vous chantez les louanges de Dieu !

23. Les personnes qui pratiquent la dévotion, qui se confessent et communient, et qui ne font pas les œuvres de la foi et de la charité sont semblables à des arbres en fleurs. Vous croyez qu'il y aura autant de fruits que de fleurs ; il y a bien de la différence.

24. Sa patience nous attend.

25. Nous n'avons qu'à dire « oui » et à nous laisser conduire.

26. On veut vivre à son aise, on s'endort dans le péché. Nous voulons aller au ciel, mais avec toutes nos aises, sans nous gêner de rien.

27. Nous renvoyons notre conversion à la mort, mais qui nous assure que nous en aurons le temps et la force ?

28. Si vous avez beaucoup, donnez beaucoup ; si vous avez peu, donnez peu, mais donnez de bon cœur et avec joie... Vous verrez s'Il se laisse vaincre en générosité, s'Il ne vous accorde pas cent fois plus que vous ne Lui aurez accordé.

29. Que diriez-vous d'un homme qui travaillerait le champ du voisin et laisserait le sien sans culture ? Vous fouillez continuellement dans la conscience des autres et vous laissez la vôtre en friche.

30. « Je chargerai mes ministres de leur annoncer que je suis toujours prêt à les recevoir, que ma miséricorde est infinie. »

31. Ma faiblesse et ma misère sont bien faites pour m'attrister, mais Votre miséricorde me rassure.

AVRIL

1. L'humilité est comme une balance : plus on s'abaisse d'un côté, et plus on est élevé de l'autre.

2. Il y en a qui donnent au Père Éternel un cœur dur. Oh, comme ils se trompent ! Le Père Éternel, pour désarmer sa justice, a donné à son Fils un cœur excessivement bon. On ne donne pas ce qu'on n'a pas…

3. Ah ! Si nous comprenions son amour, si nous pouvions voir son cœur tout embrasé de bonté, de compassion, de miséricorde, nous détesterions, nous pleurerions nuit et jour nos péchés !

4. Qu'il est beau, qu'il est grand de donner à Dieu sa jeunesse ! Quelle source de joie et de bonheur !

5. L'âme ne peut se nourrir que de Dieu ! Il n'y a que Dieu qui lui suffise ! Il n'y a que Dieu qui puisse la remplir ! Il n'y a que Dieu qui puisse rassasier sa faim !

6. Jeter les yeux sur Notre Seigneur attaché à la croix.

7. Il est mort pour tous. Il nous attend tous au ciel.

8. C'est toujours Notre Seigneur qui l'emporte.

9. Je pense souvent à la joie des apôtres quand ils revirent Notre Seigneur. La séparation avait été si cruelle ! Notre Seigneur les aimait tant ! Il était si bon avec eux ! Il est à présumer qu'il les embrassa en leur disant : « La paix soit avec vous ! » C'est ainsi qu'il embrasse notre âme, quand nous prions. Il nous dit encore : « La paix soit avec vous ! »

10. Un chrétien créé à l'image de Dieu, un chrétien racheté par le sang d'un Dieu. Un chrétien, l'enfant de Dieu,
le frère d'un Dieu,
l'héritier d'un Dieu.

11. Son amour l'a porté à faire ce que nous n'aurions pas osé lui demander.

12. Notre Seigneur a souffert plus qu'il ne fallait pour nous racheter. Mais ce qui aurait satisfait la justice de son Père n'aurait pas satisfait son amour.

13. La Sainte Vierge nous a engendrés deux fois, dans l'Incarnation et au pied de la croix : elle est donc deux fois notre mère.

14. Le bon Dieu ne pourra rien vous refuser si vous lui offrez son Fils et les mérites de sa sainte mort et passion.

15. Il sort de son cœur une transpiration de tendresse et de miséricorde pour noyer les péchés du monde.

16. Après nous avoir créés, après nous avoir rachetés par l'effusion de son sang sur le Calvaire, Il veut encore tous les jours nous sauver, nous pardonner, nous arracher au démon toutes les fois que nous avons eu le malheur de tomber entre ses mains en commettant le péché.

17. Quand le prêtre donne l'absolution, il ne faut penser qu'à une chose : c'est que le sang du bon Dieu coule sur notre âme pour la laver, la purifier et la rendre aussi belle qu'elle était après le baptême.

18. Le bon Dieu est meilleur que le diable n'est méchant ; c'est lui qui me garde. Ce que Dieu garde est bien gardé.

19. Dieu nous donne des grâces avec tant d'abondance, que pour aller au ciel il n'y a qu'à le vouloir... Tout notre mérite est de coopérer à la grâce.

20. Dieu n'exige pas autant de nous [que de son Fils], il nous traite bien plus doucement et nous nous plaignons toujours. Ce n'est pas ça, mes enfants !

21. Notre Seigneur est notre modèle : prenons notre croix et suivons-le.

22. Notre Seigneur nous montre le chemin dans la personne de Simon le Cyrénéen : il appelle ses amis à porter sa croix après lui.

23. Nous sommes en ce monde, mais nous ne sommes pas de ce monde, puisque nous disons tous les jours : « Notre Père qui êtes aux cieux... » Il faut donc attendre notre récompense quand nous serons « chez nous », dans la maison paternelle.

24. C'est par la croix que l'on va au ciel. La croix est l'échelle du ciel.

25. L'homme était créé pour le ciel. Le démon a brisé l'échelle qui y conduisait. Notre Seigneur, par sa passion, nous en a reformé une autre… La Très Sainte Vierge est en haut de l'échelle, qui la tient à deux mains.

26. On n'entre pas dans une maison sans parler au portier ! Eh bien ! La Sainte Vierge est la portière du ciel.

27. La croix est la clef qui ouvre la porte.

28. Nous le verrons ! Nous le verrons !… Ô mes frères ! Y avez-vous jamais pensé ? Nous verrons Dieu ! Nous le verrons tout de bon. Nous le verrons tel qu'il est. Face à face !… Nous le verrons ! Nous le verrons !!!

29. Un bon pasteur, un pasteur selon le cœur de Dieu, c'est là le plus grand trésor que le bon Dieu puisse accorder à une paroisse et un des plus précieux dons de la miséricorde divine.

30. C'est le prêtre qui continue l'œuvre de rédemption sur la terre.

MAI

1. Tu travailleras, mais il bénira ton travail.

2. Le Père se plaît à regarder le cœur de la Très Sainte Vierge Marie comme le chef-d'œuvre de ses mains.

3. La Sainte Vierge est cette belle créature qui n'a jamais déplu au bon Dieu.

4. L'âme pure est comme une belle rose sur laquelle les trois Personnes divines s'inclinent pour en respirer le parfum. Elle est comme un miroir bien poli qui réfléchit le ciel.

5. Si l'on pouvait comprendre tous les biens renfermés dans la sainte communion, il n'en faudrait pas davantage pour contenter le cœur de l'homme ; l'avare ne courrait plus après ses trésors, l'ambitieux après la gloire ; chacun quitterait la terre en secouant la poussière et s'envolerait vers le ciel.

6. Celui qui communie se perd en Dieu comme une goutte d'eau dans l'océan. On ne peut les séparer.

7. Nous sommes donc quelque chose de bien grand, puisque le bon Dieu qui nous a créés, qui nous a rachetés, pense encore à nous.

8. [*Naissance de saint Jean-Marie Vianney*] Nous avons besoin de prêtres pour renouveler le monde.

9. La communion fait à l'âme comme un coup de soufflet à un feu qui commence à s'éteindre, mais où il y a encore beaucoup de braises.

10. Un chrétien, l'objet des complaisances des trois Personnes divines…
Un chrétien dont le corps est le temple du Saint-Esprit…

11. Celui qui a conservé l'innocence de son baptême est comme un enfant qui n'a jamais désobéi à son père.

12. La Très Sainte Vierge se tient entre son Fils et nous. Plus nous sommes pécheurs et plus elle a de tendresse et de compassion pour nous. L'enfant qui a coûté le plus de larmes à sa mère est le plus cher à son cœur.

13. La terre entière ne peut pas plus contenter une âme immortelle qu'une pincée de farine dans la bouche d'un affamé ne peut le rassasier.

14. C'est l'accord pour le bien qui plaît au bon Dieu. Il a en horreur l'accord pour le mal… Le bon Dieu ne bénit pas les unions où il n'a pas été consulté.

15. La meilleure manière d'entendre la sainte messe est de s'unir au prêtre dans tout ce qu'il dit, de le suivre dans toutes ses actions, autant qu'on le peut… Il faudrait toujours consacrer au moins un quart d'heure pour se préparer à bien entendre la messe.

16. La carrière dans laquelle nous sommes entrés après le baptême est comme les champs dans la saison des fruits. Il n'y a qu'à prendre, à cueillir. Après le baptême, toutes les grâces et les dons du ciel sont à notre disposition…

17. Notre Seigneur a dit à ses apôtres : « Il est utile que je m'en aille, car si je ne m'en allais pas, le Consolateur ne viendrait pas. »

18. Que fait Notre Seigneur dans le ciel ? Il pense à nous… Il prie pour nous… Il est notre avocat, car saint Jean a dit : « Si quelqu'un pèche, qu'il se souvienne qu'il a au ciel un avocat qui est Jésus-Christ. »

19. Il sort d'une âme où réside le Saint-Esprit une bonne odeur, comme celle de la vigne, quand elle est en fleurs.

20. Venez à la communion, venez à Jésus ! Venez vivre de lui afin de vivre pour lui !

21. Ne dites pas que vous n'en êtes pas dignes. C'est vrai, vous n'en êtes pas dignes, mais vous en avez besoin.

22. Ne dites pas que vous avez trop de misères... J'aimerais autant vous entendre dire que vous êtes trop malade et pour cela, que vous ne voulez point de remède.

23. Notre âme, en recevant la communion, va s'unir à son Dieu, à un Dieu d'amour, à un Dieu qui fait ses délices d'être avec les enfants des hommes.

24. Ne pas faire prier les enfants, c'est ravir une grande gloire au bon Dieu.

25. Tous les saints ont une grande dévotion à la Sainte Vierge ; aucune grâce ne vient du ciel sans passer par ses mains.

26. À quoi servirait une maison remplie d'or si vous n'aviez personne pour ouvrir la porte ? Le prêtre a la clef des trésors célestes ; c'est lui qui ouvre la porte ; il est l'économe du bon Dieu, l'administrateur de ses biens.

27. Les sacrements que Notre Seigneur a institués ne nous auraient pas sauvés sans le Saint-Esprit. La mort même de Notre Seigneur nous aurait été inutile sans lui… Il fallait que la descente du Saint-Esprit vînt fructifier cette moisson de grâces. C'est comme un grain de blé ; vous le jetez en terre : bon ! Mais il faut le soleil et la pluie pour le faire lever et monter en épi.

28. Le Saint-Esprit est comme un jardinier qui travaille notre âme.

29. Vous n'êtes rien par vous-mêmes… Vous n'êtes rien, mais Dieu est avec vous.

30. Ceux qui ont le Saint-Esprit ne produisent rien de mauvais, tous les fruits du Saint-Esprit sont bons.

31. Quand le Saint-Esprit veut une chose, elle réussit toujours.

JUIN

1. Il y a deux choses pour s'unir avec Notre Seigneur et pour faire son salut : la prière et les sacrements. Tous ceux qui sont devenus saints ont fréquenté les sacrements et ont élevé leur âme à Dieu par la prière.

2. Jésus-Christ, après nous avoir donné tout ce qu'il pouvait nous donner, veut encore nous faire héritiers de ce qu'il y a de plus précieux, c'est-à-dire sa Sainte Mère... Jetez-vous promptement entre les bras de la Mère de Dieu.

3. Le Père est notre créateur, le Fils est notre rédempteur et le Saint-Esprit notre conducteur.

4. Ne vous effrayez pas de votre fardeau, Notre Seigneur le porte avec vous. Le bon Dieu fait bien ce qu'il fait, et quand il donne à une jeune mère beaucoup d'enfants, c'est qu'il la juge digne de les élever. C'est de sa part une marque de confiance.

5. Lorsque Dieu voulut donner une nourriture à notre âme pour la soutenir dans le pèlerinage de la vie, Il promena ses regards sur la Création et ne trouva rien qui fût digne d'elle. Alors il se replia sur lui-même et résolut de se donner.

6. Il ne peut se résoudre à nous laisser seuls sur la terre.

7. Il restera avec nous non seulement pour nous consoler, mais pour se donner à nous, ne faire plus qu'un avec nous

8. Ô mon âme, que tu es grande, puisqu'il n'y a que Dieu qui puisse te contenter !

9. Voyez la puissance du prêtre ! La langue du prêtre, d'un morceau de pain, fait un Dieu ! C'est plus que de créer le monde.

10. [*Après une procession du Saint-Sacrement*] Comment serais-je fatigué ? Je portais Celui qui me porte.

11. Quand, à la Messe, je tiens le bon Dieu, que peut-il me refuser ?

12. Si nous avions la foi, nous verrions Jésus Christ dans le Saint-Sacrement comme les anges le voient au ciel. Il est là, Il nous attend.

13. Ce ne sont ni les longues, ni les belles prières que le bon Dieu regarde, mais celles qui se font du fond du cœur, avec un grand respect et un véritable désir de plaire à Dieu.

14. « Je ne lui dis rien, je l'avise et il m'avise !… » On n'a pas besoin de tant parler pour bien prier.

15. Ouvrons notre cœur, le bon Dieu ouvrira le sien ; nous irons à Lui, Il viendra à nous, l'un pour demander et l'autre pour recevoir ; ce sera comme un souffle de l'un à l'autre.

16. [Le cœur de la Très Sainte Vierge] : la source dans laquelle il a puisé le sang qui nous a rachetés.

17. La prière… c'est une douce amitié, une familiarité étonnante… C'est un doux entretien d'un enfant avec son père.

18. Nous sommes l'ouvrage d'un Dieu… On aime toujours son ouvrage.

19. Une âme pure fait l'admiration des trois Personnes de la sainte Trinité. Le

Père contemple son ouvrage : « Voilà donc ma créature »... Le Fils, le prix de son sang : on connaît la beauté d'un objet au prix qu'il a coûté... Le Saint-Esprit y habite comme dans un temple.

20. Une belle fleur sans soleil n'a ni beauté ni éclat... Il en est de même de notre âme par rapport à Jésus Christ.

21. Nous sommes comme des petits enfants, nous ne savons pas marcher dans le chemin du ciel, nous chancelons, nous tombons, si la main du bon Dieu n'est pas toujours là pour nous soutenir.

22. [*À propos de la communion*] Jamais nous n'aurions pensé à demander à Dieu son propre Fils. Mais ce que l'homme ne peut pas dire ou ne peut pas concevoir et qu'il n'eût jamais osé désirer, Dieu dans son amour l'a dit, l'a conçu et l'a exécuté...

23. C'est une bien belle chose que cette union de Dieu avec sa petite créature !... Dans cette union intime, Dieu et l'âme sont comme deux morceaux de cire fondus ensemble.

24. On demandait à un saint quelle était la première des vertus : « C'est, répondit-il, l'humilité. – Et la seconde ? L'humilité. Et la troisième ? L'humilité »

25. Une personne humble et instruite, si on lui demande son sentiment, le dit bonnement, après quoi elle laisse parler les autres.

26. L'Esprit Saint nous conduit comme une mère conduit son enfant de deux ans par la main, comme une personne qui conduit un aveugle... C'est un bon guide que celui-là.

27. Ceux qui sont conduits par le Saint-Esprit ont des idées justes. Voilà pourquoi il y a tant d'ignorants qui en savent plus long que les savants.

28. À côté de ce beau sacrement, nous sommes comme une personne qui meurt de soif à côté d'une rivière : elle n'aurait cependant qu'à courber la tête..., comme une personne qui reste pauvre à côté d'un trésor : elle n'aurait qu'à tendre la main.

29. Le Sacerdoce, c'est l'amour du cœur de Jésus.

30. Dans ses Apôtres, Il contemple son zèle et son amour pour le salut des âmes.

JUILLET

1. C'est pour nous que le bon Dieu a produit le soleil qui nous éclaire, l'air que nous respirons, le feu qui nous réchauffe, l'eau que nous buvons, les blés qui nous nourrissent, les vêtements qui nous couvrent.

2. Il nous a commandé le travail, mais il nous a aussi ordonné le repos.

3. Le cœur des saints est constant comme un rocher au milieu de la mer.

4. J'étais bien heureux dans la maison de mon père, lorsque je menais paître mes brebis et mon âne ; j'avais du temps pour prier le bon Dieu, pour méditer, pour m'occuper de mon âme.

5. J'ai si souvent puisé à cette source (le cœur de la Très Sainte Vierge) qu'il n'y resterait plus rien depuis longtemps si elle n'était pas inépuisable.

6. Si vous passez devant une église, entrez pour saluer Notre Seigneur. Pourrait-on passer à la porte d'un ami sans lui dire bonjour !

7. Il ne faut quelquefois que la vue d'une image pour nous toucher et nous convertir.

8. Pour conserver la pureté, il y a trois choses : la présence de Dieu – la prière – et les sacrements. Il y a encore la lecture des livres des saints : elle nourrit l'âme.

9. La prière ne nous laisse jamais sans douceur. C'est un miel qui descend dans l'âme et adoucit tout.

10. Oh ! Que c'est malheureux, un prêtre qui n'est pas intérieur !… Mais pour cela, il faut la tranquillité, le silence, la retraite.

11. Un chrétien qui est conduit par le Saint-Esprit n'a pas de peine à laisser les biens de ce monde pour courir après les biens du ciel. Il sait faire la différence.

12. Nous trouvons que c'est trop de lui donner quelques minutes pour le remercier des grâces qu'il nous accorde à chaque instant.

13. Nous allons comme le vent… Tout va à grand train, tout se précipite. Ah… Mon Dieu, mon Dieu ! Qu'ils sont à plaindre ceux qui mettent leur affection dans toutes ces choses !

14. Cherchez l'amitié du bon Dieu et vous aurez trouvé votre bonheur… Les âmes qui suivront cette voie intérieure auront la paix, la douceur.

15. C'est dans la solitude que Dieu parle… Ah ! comme je vais prier le bon Dieu quand je serai seul !

16. La vie intérieure est un bain d'amour dans lequel l'âme se plonge… Je pense souvent que je voudrais bien pouvoir me perdre et ne me retrouver qu'en Dieu.

17. Si nous pouvions goûter combien il est doux de marcher toujours en sa Présence, de nous sentir sous son regard, de nous laisser conduire par la main…

18. Plus on prie, plus on veut prier. C'est comme un poisson qui nage d'abord à la surface de l'eau, qui plonge ensuite et qui va toujours en avant. L'âme se plonge, s'abîme, se perd dans les douceurs de la conversation avec Dieu.

19. Jamais l'on n'est fâché de ne rien avoir dit, et presque toujours, l'on se repent d'avoir trop parlé.

20. Une âme pure ressemble à un lis... à un beau lac dont l'eau claire et limpide laisse voir tout ce qu'il y a au fond.

21. Il n'y a que l'Esprit Saint qui puisse élever l'âme et la porter en haut... Il faudrait dire chaque matin : « Mon Dieu, envoyez-moi votre Esprit Saint, qui me fasse connaître ce que je suis et ce que vous êtes. »

22. Qu'il y a peu de chrétiens pour vous suivre, comme la Sainte Vierge, jusqu'au Calvaire !

23. Quelle bonté de Dieu ! Son bon cœur est un océan de miséricorde ; ainsi, quelque grands pécheurs que nous puissions être, ne désespérons jamais de notre salut. Il est si facile de se sauver !

24. Un bon chrétien qui aime Dieu et le prochain (et quand on aime Dieu, on aime le prochain), voyez comme il est heureux !

Quelle paix dans son âme ! C'est le Paradis sur terre.

25. Ceux qui cherchent à acquérir les biens temporels ressemblent à une personne qui voudrait remplir un sac des brouillards ou bien encore à une personne qui rassemblerait des courges pour s'en faire un trésor et qui ne trouverait au moment de l'hiver que pourriture.

26. L'important est d'élever dans notre cœur l'Église spirituelle, le Tabernacle vivant où Notre Seigneur se plaît à résider.

27. La communion spirituelle est comme un vent doux et embaumé qui a traversé des régions parsemées d'une infinité de fleurs odoriférantes.

28. Ce qui fait du mal, ce sont ces nouvelles du monde, ces conversations, cette politique, ces gazettes… On s'en remplit la tête…

29. Si on avait la foi, on verrait Dieu caché dans le prêtre comme une lumière derrière un verre, comme un vin mêlé avec de l'eau.

30. Il y en a qu'un seul mot renverse. Une petite humiliation fait chavirer la barque… Courage ! Mes frères, courage !

31. C'est le Saint-Esprit qui chasse les brouillards que le démon met devant nous pour nous faire perdre le chemin du ciel.

AOÛT

1. Ne vous défiez pas de la Providence du bon Dieu… Elle fait croître votre récolte, elle vous donnera bien le temps de la ramasser.

2. Une pauvre personne, une fois sur la langue des médisants, est semblable à un grain de blé qui, sous la meule du moulin, est déchiré, écrasé, et entièrement détruit.

3. Si un prêtre venait à mourir à force de travaux et de peines endurés pour la gloire de Dieu et le salut des âmes, cela ne serait pas mal.

4. [*Mort de saint Jean-Marie Vianney*] Là où les saints passent, Dieu passe avec eux.

5. Toutes les fois que je m'inquiète de la Providence, le bon Dieu me punit de mes inquiétudes en m'envoyant des secours inattendus.

6. Comme les disciples sur le Thabor ne virent plus que Jésus seul, les âmes intérieures, sur le Thabor de leur cœur, ne voient plus que Notre Seigneur. Ce sont deux amis qui ne se lassent jamais l'un de l'autre.

7. La prière est comme le feu qui gonfle les ballons et les fait monter vers le ciel.

8. Précieuse vertu sans laquelle notre religion est un fantôme ! La charité est toujours agréable à Dieu. Elle obtient son effet et touchera peut-être un jour le pécheur endurci.

9. [*Mort d'Antoine Givre, le petit berger d'Ars*] Tu m'as montré le chemin d'Ars, je te montrerai le chemin du ciel.

10. Lorsque nous sommes en route et que nous apercevons un clocher, cette vue doit faire battre notre cœur comme la vue du toit où demeure son bien-aimé fait battre le cœur de l'épouse.

11. Heureux le chrétien qui ne quitte rien pour trouver tout.

12. Dans l'intervalle des travaux de la campagne, je faisais semblant de me reposer et de dormir comme les autres, et je priais Dieu de tout mon cœur ; c'était le bon temps, et que j'étais heureux !

13. [*Ordination de saint Jean-Marie Vianney*] Quand j'étais jeune, je pensais : si j'étais prêtre, je voudrais gagner beaucoup d'âmes au bon Dieu.

14. On ne rentre pas en soi-même... C'est la réflexion, l'oraison, l'union à Dieu qu'il nous faut.

15. Les trois Personnes divines contemplent la Sainte Vierge. Elle est sans tâche, ornée de toutes les vertus qui la rendent si belle et agréable à la Sainte Trinité.

16. L'homme qui a le bonheur de conserver la patience et la douceur est, dans ce calme, une image sensible de Dieu.

17. Mettons en pratique les conseils qu'Il nous donne de ne pas révéler notre âme au premier venu.

18. Il faudrait s'appliquer tous les jours à une lecture pieuse, tout comme on s'applique à prendre ses repas.

19. Non, votre argent ne me regarde pas, mais vos âmes, dont Dieu m'a chargé, me regardent.

20. C'est le Saint-Esprit qui forme les pensées dans le cœur des justes, et qui engendre les paroles dans leur bouche.

21. Ceux qui n'ont ni combat ni peine à soutenir en ce monde sont comme des eaux mortes qui croupissent. Mais ceux qui endurent leurs peines, les souffrances, les combats, ressemblent à des eaux rapides qui sont plus limpides quand elles passent par des rochers et tombent en cascades.

22. L'âme, sous l'action de la grâce, ressemble à ces oiseaux qui ne font qu'effleurer la terre et qui planent constamment dans les airs.

23. L'homme a une belle fonction, celle de prier et d'aimer… Voilà le bonheur de l'homme sur la terre.

24. Voilà donc cet homme qui se tourmente, qui s'agite, qui fait du bruit, qui veut dominer sur tout, qui se croit quelque chose, qui semble vouloir dire au soleil : « Ôte-toi de là ; laisse-moi éclairer le monde à ta place !… » Un jour, cet homme orgueilleux sera réduit tout au plus à une pincée de cendre qui sera traînée de rivière en rivière, de Saône en Saône, jusque dans la mer.

25. De même que la terre ne peut rien produire si le soleil ne la féconde, de même nous ne pouvons rien faire de bien sans la grâce du bon Dieu.

26. Il n'y a d'heureux en ce monde que ceux qui ont le calme de l'âme ; au milieu des peines de la vie, ils goûtent la joie des enfants de Dieu.

27. Demandez que ma foi et ma paix durent. Elles vont ensemble... Cette paix si précieuse qui fait tout le bonheur de l'homme dans ce monde et dans l'autre.

28. Nos fautes sont des grains de sable à côté de la grande montagne des miséricordes de Dieu. La miséricorde de Dieu est comme un torrent débordé. Elle entraîne les cœurs sur son passage.

29. Nous ne devrions pas plus perdre la présence de Dieu que nous ne perdons la respiration. La prière est le bonheur de l'âme sur la terre.

30. Il faut, quand on prie, ouvrir son cœur à Dieu comme le poisson quand il voit venir la vague.

31. Que la pensée de la sainte présence de Dieu est douce et consolante !... Jamais on ne se lasse, les heures coulent comme des minutes... Enfin ! C'est un avant-goût du ciel !

SEPTEMBRE

1. Il sort de la prière une douceur savoureuse, comme le jus qui découle d'un raisin bien mûr.

2. Je voudrais bien avoir le temps de prier... Exerçons-nous donc tous les dimanches au moins à chanter de notre mieux.

3. Il faut d'abord mettre ordre à votre conscience. Vous mettrez ensuite plus facilement ordre à vos affaires.

4. Nous vivrons bien lorsque nous ferons tous les soirs un examen de conscience.

5. Sans le Saint-Esprit, nous sommes comme une pierre du chemin… Il ne sortira rien du caillou… Le caillou c'est le cœur froid et dur où le Saint-Esprit n'habite pas.

6. Nous nous « fions » trop sur nos résolutions et sur nos promesses, pas assez sur le bon Dieu.

7. Ce n'est pas la grandeur des actions qui leur donne le mérite, mais la pureté d'intention avec laquelle nous les faisons.

8. Les prophètes ont publié la gloire de Marie avant sa naissance : ils l'ont comparée au soleil. En effet, l'apparition de la Sainte Vierge peut bien se comparer à un beau soleil dans un jour de brouillards.

9. Vous travaillez ! Vous travaillez ! Mais ce que vous gagnez ruine votre âme et votre corps.

10. Après avoir passé toute la semaine sans presque penser à Dieu, il est bien juste d'employer le dimanche à prier et à remercier Dieu... La profanation du dimanche conduit à l'indifférence.

11. La porte du ciel est fermée à la haine. Dans le ciel, il n'y a pas de rancune.

12. Trois choses sont absolument nécessaires contre la tentation : la prière pour nous éclairer, les sacrements pour nous fortifier et la vigilance pour nous préserver.

13. Hélas ! Mes enfants, les pères et mères ont si peur de contrarier leurs enfants, que quelquefois ils engagent leur conscience.

14. Les épines suent le baume et la croix transpire la douceur, mais il faut presser les épines dans ses mains et serrer la croix sur son cœur pour qu'elles distillent le suc qu'elles contiennent.

15. Ô mon bon Père qui êtes dans les cieux, je vous offre en ce moment votre Fils, tel qu'on l'a descendu de la croix, qu'on l'a déposé entre les bras de la Sainte Vierge, et qu'elle vous l'a offert en sacrifice pour nous.

16. Combien un petit quart d'heure que nous dérobons à nos occupations, à quelques inutilités, pour prier, lui est agréable.

17. Que d'âmes, au jour du Jugement, nous reprocheront que, si nous n'avions opposé que bonté et charité à leurs injures, elles seraient dans le ciel.

18. Nous serons examinés sur le bien que nous aurions pu faire et que nous n'avons pas fait, sur les péchés d'autrui dont nous aurons été la cause.

19. Il faut travailler en ce monde, il faut combattre. On aura bien le temps de se reposer toute l'éternité.

20. Nous répondrons du temps perdu.

21. Restez dans la simplicité. Plus vous resterez dans la simplicité, plus vous ferez de bien.

22. Que voulez-vous que le bon Dieu vous donne, quand vous ne comptez que sur votre travail et pour rien sur lui ?

23. Ceux qui n'ont pas la foi ont l'âme bien plus aveugle que ceux qui n'ont pas d'yeux. Nous sommes dans ce monde comme dans un brouillard ; mais la foi est le vent qui dissipe ce brouillard et qui fait luire sur notre âme un beau soleil.

24. Si vous cherchez Dieu, vous le trouverez.

25. Quand il nous vient une bonne pensée, c'est le Saint-Esprit qui nous visite.

26. Celui qui ne vit point de Dieu est comme un cep mort qui ne sert plus qu'à embarrasser, qu'il faut arracher et jeter au feu.

27. Que nous sommes heureux que les pauvres viennent nous demander ! S'ils ne venaient pas, il faudrait aller les chercher, et on n'a pas toujours le temps.

28. Les moindres fautes contre la charité doivent être regardées comme autant d'outrages faits à Jésus Christ.

29. Quand vous avez fait une bonne confession, vous avez enchaîné le démon.

30. Le moyen le plus sûr d'allumer ce feu [l'amour de Notre Seigneur] dans le cœur des fidèles, c'est de leur expliquer l'Évangile, ce livre de l'amour où notre Sauveur se montre dans l'amabilité de sa douceur, de sa patience, de son humilité, toujours le consolateur et l'ami de l'homme.

OCTOBRE

1. Celui qui souffre avec impatience perd le ciel, celui qui souffre avec patience gagne le ciel, mais celui qui souffre avec joie est assuré du ciel.

2. L'ange gardien est toujours à nos côtés pour nous porter au bien et nous défendre contre les mauvais anges qui, sans cesse, rôdent autour de nous pour nous porter au mal.

3. C'est par l'envie du Diable que la mort est entrée dans le monde.

4. À la vue des fleuves, des rivières, des montagnes, des oiseaux qui voltigent partout dans les airs ; à la vue des mille pois-

sons qui s'évertuent dans les eaux ; à la vue du mouvement même de la Création : surtout de la beauté du ciel, de la multitude des étoiles... Que tout cela... vous anime, vous exalte et vous répande en bénédictions et en louanges.

5. La colère anéantit la paix et le repos des familles... Elle sème à pleines mains la désunion, les inimitiés, les haines... Souvent on s'emporte... on blâme. Au lieu de tant parler, mieux vaudrait prier.

6. L'« Ave Maria » est la plus belle prière après le « Pater » : c'est une prière qui ne lasse jamais.

7. Saint Bernard nous dit qu'il a converti plus d'âmes par l'« Ave Maria » que par tous ses sermons.

8. Saint Bernard lui disait souvent : « Je vous salue, Marie. » Un jour, cette mère lui répondit : « Je te salue, mon fils Bernard. »

9. Ce qui doit nous engager à nous adresser à elle avec une grande confiance, c'est qu'elle est toujours attentive.

10. Le cœur de cette bonne mère n'est qu'amour et miséricorde ; elle ne désire que de nous voir heureux. Il suffit seulement de se tourner vers elle pour être exaucé.

11. Le Fils a sa justice, mais la mère n'a que son amour.

12. Tout ce que le Fils demande au Père lui est accordé. Tout ce que la Mère demande au Fils lui est pareillement accordé.

13. Je l'ai aimée [la Sainte Vierge] avant même de la connaître ; c'est ma plus vieille affection.

14. L'orgueil est la chaîne du chapelet de tous les vices ; l'humilité, la chaîne du chapelet de toutes les vertus.

15. Tous ces Mystères [le Rosaire], bien méditées, seraient capables de toucher les cœurs les plus endurcis et d'arracher les habitudes les plus invétérées.

16. Je pense souvent que le plus grand nombre des chrétiens qui se damnent, se damnent faute d'instruction.

17. Laissez une paroisse vingt ans sans prêtre : on y adorera les bêtes.

18. Les paroles peuvent persuader, mais les exemples entraînent. Je dis quelquefois à Mgr Devie : « Si vous voulez convertir votre diocèse, il faut faire des saints de tous vos curés. »

19. Le prêtre n'est pas pour lui... Il n'est pas pour lui, il est pour vous.

20. Les premiers mots de Notre Seigneur à ses apôtres furent ceux-ci : « Allez et instruisez... » La Parole divine est un des plus grands dons que le bon Dieu peut nous faire.

21. Être missionnaire, c'est laisser déborder son cœur.

22. Si j'avais déjà un pied dans le ciel et qu'on vînt me dire de revenir sur la terre pour travailler à la conversion d'un pécheur, je reviendrais volontiers. S'il fallait rester jusqu'à la fin du monde, me lever à minuit, et souffrir comme je souffre, je resterais volontiers pour continuer à travailler à la conversion des pécheurs.

23. Pauvres pécheurs : quand je pense qu'il y en a qui mourront sans avoir goûté seulement pendant une heure le bonheur d'aimer Dieu !

24. Que d'âmes nous pouvons convertir par nos prières... Celui qui tire une âme de l'enfer sauve cette âme et la sienne propre.

25. La croix embrasse le monde. Elle est plantée aux quatre coins de l'univers. Il y en a un morceau pour tous.

26. Le Saint-Esprit est une force... C'est lui qui soutenait les martyrs. Sans le Saint-Esprit, les martyrs seraient tombés comme la feuille des arbres.

27. En ce monde, le vent souffle toujours, les passions soulèvent la tempête dans notre âme.

28. L'orgueil est un vent si fin, si subtil, qu'il pénètre dans presque toutes nos actions.

29. Le moyen de renverser le démon quand il nous suscite des pensées de haine contre ceux qui nous font du mal, c'est de prier aussitôt pour leur conversion. Quand vous n'avez pas l'amour de Dieu, vous êtes bien pauvres. Vous êtes comme un arbre sans fleurs et sans fruits.

30. Dans l'âme unie à Dieu, c'est toujours le printemps.

NOVEMBRE

1. Ô belle union de l'Église de la terre avec l'Église du ciel... Comme disait sainte Thérèse : « Vous en triomphant, nous en combattant, nous ne faisons qu'un pour glorifier Dieu. »

2. Nous ne sommes sur la terre que par entrepôt, pour un tout petit moment. Là-haut, c'est chez nous. Ici nous sommes à l'hôtel, comme en passant.

3. Les bons chrétiens ne meurent point, ils avancent chaque jour d'un pas vers le Paradis.

4. La mort, c'est l'union de l'âme avec Dieu.

5. La terre est un pont pour passer l'eau, elle ne sert qu'à soutenir nos pieds.

6. Nous rendrons compte à Dieu de tous les instants qu'il nous a accordés.

7. Le jugement, bien loin de jeter le chrétien dans le désespoir, ne fait que le consoler. Il va trouver non un juge sévère, mais son père et son sauveur.

8. Nous connaissons... le prix de notre âme aux efforts que le démon fait pour la perdre. L'enfer se ligue contre elle, le ciel pour elle... Heureuses les âmes tentées ! C'est lorsque le démon prévoit qu'une âme tend à l'union à Dieu qu'il redouble de rage.

9. Nos églises sont les demeures des anges et des archanges, le palais de Dieu, le ciel même ! Nos temples sont saints, respectables et sacrés, parce que Dieu fait homme y habite jour et nuit.

10. Un aveugle de naissance ayant été conduit sur le tombeau de saint Martin, recouvra la vue immédiatement... Celui à qui tout pouvoir a été donné n'a pas encore perdu de sa puissance.

11. Dans les combats ordinaires, on peut toujours être vaincu. Dans les combats contre le démon, si nous le voulons, avec la grâce de Dieu qui ne nous est jamais refusée, nous pouvons toujours être vainqueurs.

12. Les combats nous mettent au pied de la croix, et la croix à la porte du ciel.

13. Saint Augustin dit que celui qui craint la mort n'aime pas Dieu. C'est bien vrai. Si vous étiez séparé de votre père depuis bien longtemps, ne seriez-vous pas heureux de le revoir ?

14. Quelle direction prendra notre âme ? Celle que nous lui aurons donnée sur terre.

15. Il faut vouloir ce que le bon Dieu veut. Il veut nous sanctifier par la patience… Une heure de patience vaut mieux que plusieurs jours de jeûne.

16. Nous sommes aux yeux de Dieu ce que nous sommes : ni plus, ni moins.

17. Quand le jour du Jugement viendra, que nous serons heureux de nos malheurs, fiers de nos humiliations, riches de nos sacrifices !

18. Ceux qui ne font aucun effort pour se vaincre et pour faire de dignes fruits de pénitence sont comme des arbres en hiver : ils n'ont ni feuilles ni fruits, et pourtant ils ne sont pas morts.

19. La prédication des saints, ce sont leurs exemples. Les saints n'ont pas tous bien commencé, mais ils ont tous bien fini. Nous avons mal commencé, finissons bien.

20. Nous pouvons devenir des saints : si ce n'est pas par l'innocence, ce sera au moins par la pénitence.

21. Le trésor d'un chrétien n'est pas sur la terre, il est dans le ciel. Eh bien ! notre pensée doit aller où est notre trésor.

22. Il ne faut pas écouter le démon qui cherche toujours, après qu'il nous a fait faire le mal, à nous jeter dans le désespoir.

23. La pratique de la prière pour la délivrance du Purgatoire est, après celle pour la conversion des pécheurs, la plus agréable à Dieu.

24. En travaillant à la délivrance des âmes, et en prenant les œuvres de miséricorde pour moyen, on réalise dans sa plénitude l'esprit de Jésus Christ ; on soulage en même temps ses membres souffrants, ceux de la terre et ceux du Purgatoire.

25. Si je fais régner le bon Dieu dans mon cœur, il me fera régner avec lui dans sa Gloire.

26. Les saints sont comme autant de petits miroirs dans lesquels Jésus Christ se contemple.

27. Celui qui aura souffert et combattu pour son Dieu luira comme un beau soleil.

28. Le bon Dieu nous placera, comme un architecte place les pierres dans un bâtiment, chacun à l'endroit qui lui convient.

29. Mon cimetière est ensemencé de saints.

30. La croix est un don que le bon Dieu a fait à ses amis.

DÉCEMBRE

1. Dieu attend ses enfants, les cherche, les rejoint.

2. Les anges pèchent et ils sont précipités en enfer. L'homme pèche, et Dieu lui promet un Libérateur.

3. Par la foi, nous croyons ce que Dieu nous a promis ; nous croyons que nous le verrons un jour, que nous le posséderons, que nous serons éternellement avec lui dans le ciel.

4. Par l'espérance, nous attendons l'effet de ses promesses... Que faut-il de plus pour être heureux ?

5. Approchez-vous de Dieu. Il s'approche de vous.

6. Les prières des enfants montent au ciel, tout embaumées d'innocence.

7. Le péché obscurcit la foi dans les âmes comme les brouillards épais obscurcissent le soleil à nos yeux : nous voyons bien qu'il fait jour, mais nous ne pouvons distinguer le soleil …

8. Consacrez-vous à Marie, priez-la bien cette bonne Mère, honorez-la surtout dans son Immaculée Conception.

9. Marie est devenue, par sa maternité divine, l'alliée de Dieu dans l'œuvre de la réconciliation.

10. Il faut mettre plus de temps à demander la contrition qu'à s'examiner… Il faut bien demander le repentir.

11. Les commandements de Dieu sont les enseignements que Dieu nous donne pour suivre la route du ciel, comme les écriteaux qu'on pose à l'entrée des rues et au commencement des chemins pour en indiquer les noms.

12. Quand on a l'esprit du monde, on est sans cesse tourmenté... Quand on méprise tout ce qui est périssable pour ne voir et n'aimer que le bon Dieu, ce degré de perfection nous rend toujours victorieux du démon.

13. Il faut demander souvent le long du jour les lumières du Saint-Esprit.

14. Nous noyons, nous étouffons notre âme dans le vin et la nourriture... Ne nous laissons pas conduire par notre ventre. Il y en a qui vendent leur âme pour deux sous.

15. Commencez à débarbouiller votre esprit des choses terrestres pour ne penser qu'à Dieu.

16. Une communion bien faite suffit pour embraser une âme de l'amour de Dieu.

17. Le grand malheur est qu'on néglige de recourir à cette divine nourriture pour traverser le désert de la vie, comme une personne qui meurt de faim à côté d'une table bien servie.

18. Si nous reprenons la prière, nous sentons renaître en nous la pensée et le désir des choses du ciel… C'est une balance qui nous élève vers le bon Dieu et L'abaisse jusqu'à nous.

19. Si vous êtes dans l'impossibilité de prier, cachez-vous derrière votre bon ange et chargez-le de prier à votre place.

20. La prière est un avant-goût du ciel… Les peines se fondent devant une prière bien faite comme la neige devant le soleil.

21. Il faudrait faire comme les bergers qui sont au champ pendant l'hiver – la vie est bien un long hiver... Ils font du feu ; mais de temps en temps, ils courent ramasser du bois de tous les côtés pour l'entretenir. Si nous savions, comme les bergers, toujours entretenir le feu de l'amour de Dieu dans notre cœur par des prières et des bonnes œuvres, il ne s'éteindrait pas.

22. Notre amour sera la mesure de la gloire que nous aurons au Paradis. Les brouillards qui obscurcissent notre raison seront dissipés. Notre esprit aura l'intelligence des choses qui lui sont cachées ici-bas.

23. Au ciel, nous serons heureux du bonheur de Dieu et beaux de la beauté de Dieu même.

24. Je dis comme disait Notre Seigneur entrant dans le monde : « Me voilà, faites, Seigneur, ce que vous voudrez, je m'offre en sacrifice. »

25. Par son Incarnation, Dieu cache sa Divinité… afin de devenir visible à nos yeux.

26. Il a voulu dans ce mystère [l'Incarnation], cacher sa grandeur et sa puissance, mais sa miséricorde éclate de toutes parts.

27. Que faisaient la Sainte Vierge et saint Joseph ? Ils regardaient, ils contemplaient, ils admiraient l'Enfant Jésus, voilà toute leur occupation.

28. Une âme pure est auprès de Dieu comme un enfant auprès de sa mère.

29. Qu'il fait bon s'abandonner uniquement, sans réserve et pour toujours à la conduite de la Providence !

30. Quand je pense au soin que le bon Dieu a pris de moi, quand je repasse ses bienfaits, la reconnaissance et la joie de mon cœur débordent de tous côtés.

31. Je voudrais être saint Pierre ; je vous donnerais pour étrennes les clés du Paradis.

Acte d'amour du Saint Curé d'Ars

Je vous aime, ô mon Dieu,
Et mon seul désir est de vous aimer
jusqu'au dernier soupir de ma vie.

Je vous aime, ô Dieu infiniment aimable, et j'aime mieux mourir en vous aimant que de vivre un seul instant sans vous aimer. Je vous aime, Seigneur, et la seule grâce que je vous demande, c'est de vous aimer éternellement.

Je vous aime, ô mon Dieu, et je ne désire le Ciel que pour avoir le bonheur de vous aimer parfaitement ; je vous aime, ô mon Dieu infiniment bon, et je n'appréhende l'enfer que parce qu'on n'y aura jamais la douce consolation de vous aimer.

Ô mon Dieu, si ma langue ne peut dire à tous moments que je vous aime, du moins je veux que mon cœur vous le répète autant de fois que je respire... Ah ! Faites-moi la grâce de souffrir en vous aimant, de vous aimer en souffrant.

Je vous aime, ô mon divin Sauveur, parce que vous avez été crucifié pour moi ; je vous aime, ô mon Dieu, parce que vous me tenez ici-bas crucifié pour vous...

Mon Dieu, faites-moi la grâce d'expirer un jour en vous aimant et en sentant que je vous aime. Et plus j'approche de ma fin, plus je vous conjure d'accroître mon amour et de le perfectionner.

Ainsi soit-il.

RÉFÉRENCES BIBLIOGRAPHIQUES

Pensées choisies du Vénéré Curé d'Ars, Abbé MONNIN, ancienne maison Douniot/ Pierre Téqui, Paris, 1900, 200 p.

Pensées choisies du saint Curé d'Ars et petites fleurs d'Ars, FROSSARD Janine, éditions Téqui, Paris, 1961, 158 p.

Jean-Marie Vianney, Curé d'Ars, sa pensée, son cœur, Abbé NODET, éditions Xavier Mappus, Le Puy, 1956, 279 p.

Esprit du Curé d'Ars, dans ses catéchismes, ses homélies et sa conversation, Abbé MONNIN, Pierre Téqui, Paris, 1975, 253 p.

Pensées de Curé d'Ars, DDB, 1991, Coll. Foi vivante, 282 p., épuisé.

TABLE DES MATIÈRES

Présentées dans la même collection, les pensées de :

Padre Pio

(1887-1968)

Stigmatisé, gratifié dès l'enfance de dons spirituels extraordinaires, Padre Pio eut toute sa vie un rayonnement qui attira les foules dans son monastère du sud de l'Italie. Un quart de siècle après sa mort, ses pensées sur l'amour, sur le mystère de la souffrance et sur le pardon sont toujours aussi fortes et bouleversantes.

Disponible - ISBN 2-7122-0498-0, 128 p.

Jean XXIII

(1881-1963)

Angelo Roncalli fut non seulement le grand pape inspiré du concile qui ouvrit l'Église au souffle de l'Esprit, mais il fut aussi « le bon pape Jean », dont les paroles allaient droit au cœur des gens...

Disponible - ISBN 2-7122-0454-9, 112 p.

Jean Paul II

(1920-2005)

Le grand pape qui vient de nous quitter fut d'abord un grand spirituel dont la réflexion a considérablement enrichi et bouleversé la pensée chrétienne contemporaine. Se nourrir, chaque jour, d'une pensée de Jean-Paul II, ce n'est pas rien !

À paraître - ISBN 2-7122-0971-0

Mère Teresa

(1910-1997)

Mère Teresa avait choisi de vivre l'Évangile de façon radicale et de le proclamer avec courage, d'être non seulement la dernière, mais la servante des derniers. À l'aide de ce florilège de ses pensées, réévangéliser nos pas...

Disponible - ISBN 2-7122-0931-1, 112 p.

Saint Benoît

(vers 480-547)

Le saint patron de l'Europe et « Père des moines », dont la *Règle* demeure le pilier par excellence de la vie monastique, a bien des choses à enseigner encore sur la prière, la vie en Dieu, la sagesse et l'équilibre aux chrétiens du XXIe siècle !

À paraître - ISBN 2-7122-0981-8

Élisabeth de la Trinité

(1880-1906)

Une personnalité ardente et entière que celle d'Élisabeth Catez, étoile filante dans le ciel du Carmel où elle entre à l'âge de 21 ans pour y mourir cinq ans plus tard ! Sa spiritualité, centrée sur la Trinité (« mes Trois » !) et le désir de communion au Christ lui a donné une stature de prophète pour notre temps.

Disponible - ISBN 2-7122-0972-0, 112 p.

Frédéric Ozanam

(1813-1853)

Ce pionnier de la question sociale eut au XIXe siècle des intuitions prophétiques. Une personnalité d'exception dont la pensée constitue un repère sûr pour l'engagement chrétien dans le monde, en particulier pour les laïcs.

Disponible - ISBN 2-7122-0960-5, 112 p.

Saint François de Sales (1567-1622)

Docteur de l'Église et saint patron des journalistes, l'auteur de l'*Introduction à la vie dévote* fut un précurseur en invitant les laïcs de toute condition à vivre à fond leur vie baptismale. Simple, aimable, non dénué de sens de l'humour, il nous livre un message spirituel préoccupé d'amour et de paix et extrêmement moderne.

À paraître - ISBN 2-7122-0982-6

27/06/06

Médiaspaul – Diffusion-Distribution
62 rue de Chanteloup - BP 26 - 91291 Arpajon Cedex
Tél.: 0164908740 • Fax 0164909609
distribution@mediaspaul.fr

*

Achevé d'imprimer par Corlet, Imprimeur, S.A. - 14110 Condé-sur-Noireau
N° d'Imprimeur : 92899 - Dépôt légal : juin 2006 - *Imprimé en France*